D1093430

ENTERO LUGAR

Laura Ymayo Tartakoff

ENTERO LUGAR

editorial **BETANIA**
Colección BETANIA de Poesía

Colección BETANIA de Poesía
Dirigida por Felipe Lázaro

Portada: *En attendant*
        Foto de Jean-François Mauduit.

© Laura Ymayo Tartakoff, 1994
Editorial Betania.
Apartado de Correos 50.767.
Madrid 28080, España.

I.S.B.N.: 84-8017-037-9.
Depósito legal: M-30877-1994.

Imprime: Artes Gráficas IRIS, S. A.
        Gamonal, 63 - Pol. Industrial Vallecas
        Madrid 28031

Impreso en España - Printed in Spain.

para Alan

porque tomas posesión de nuestra casa
y de mis sueños
y no precisas llave para abrir la hermosura
ni poema
para decir que me amas

Juana Rosa Pita

UNA DOCENA EN SUIZA

Let my case stand as a lesson: behold the enduring image of a poet, ill at ease in one place, ill at ease in the other –"always and everywhere ill at ease"– who managed to distance himself by spinning, cocoon-like, his incomprehensible language.

Also much later, by choosing solitude and giving myself to a strange occupation, that is, to writing poems in Polish while living in France or America, I tried to maintain a certain ideal image of a poet, who, if he wants fame, he wants to be famous only in the village or the town of his birth.

Czeslaw Milosz

(1)

Todas las palabras
con sus voces,
sus siluetas,
mías,
las primeras;
todas las palabras
que despedí
apresurada
–palabras
de conjura–
regresan
se agolpan
se aprietan
en la entrada.

Pasen, pasen,
alguien les dice.

Sola-vaya,
les dice alguien.

Yo me digo:
no estornudes,
no bostezes,
no abras ojos,
brazos,
piernas,
para que no te vean

para que no te encuentren
en la casa,
en el rincón oscuro
donde antaño,
como voces,
te preñaban
con imágenes.

Todas las palabras,
las primeras,
vuelven en mi busca
cada noche.
Yo me cubro los oídos.
En la cama
me hago otra.
Bocabajo.
Crispo el cuerpo.
Me envejezco
implorando
que termine el sitio,
la caza,
la ronda.

(2)

indefensa
vetusta
la historia
asumió
nombres
sitios
fechas –

añoró
se-me-olvida
qué tristeza

se asomó
a mis manos
temblorosa
y regresó
al centro
de sí misma
sola
hambrienta

extrañando
el pan
de tu mirada
la bendición
de tu presencia

(3)

Convoqué los silencios
a que rodearan
la madera rubia del milagro,
el rectángulo preciso
donde multiplico
la seta y la cebolla,
y donde tramo
el perfume del ajo
y del romero.
Convoqué los silencios a mi mesa.

Cité los fantasmas en el horno,
en la varilla exacta
donde el esmalte se hace pozo
y oquedad.

Abrí de par en par cada ventana:
entraron los pedazos
de ciudad con nieve,
los rincones secos, las esquinas
cojas.
Envueltos en mi abrigo los llevé
a mi cama,
y les besé la boca.

Cerré cada ventana.

Apagué las luces de la sala.

No respondí al timbre de la puerta
ni al teléfono
ni a la voz de la vecina
ni al verde de las plantas
ni a las voces de los niños
ni a mis voces.

Quise sólo echarle cerrojo
–cerrojo fuerte–
a mi inmensa casa.

(4)

a tientas
y pataditas
va caminando
por el mundo
tumba que tumba
tropieza
cae
gatea
se incorpora (sin querer)

mendiga
aserrín
migajas
polvo de luna
astillas de piel
    – cualquier vieja limosna
      que le devuelva
      una imagen precisa
      de árbol y tierra,
      de tiempo,
      de mes

(5)

Maleficio

Y a aquélla, que era pequeña,
distraída y oscura,
la condenamos un sábado
a que tuviese pinta de mujer,
y –trabajo esmerado–
le convertimos las alas
en pies.

Observen
como los hombres
la creen mamífera,
diurna,
doméstica, miope.
Y las mujeres no le sospechan
el gesto ni el plumaje
ni los ojos enormes.

Observen
como la infeliz
busca en balde
bosque y noche,
ratones, ratas,
liebres, conejos.

Fue un éxito, colegas,
nuestro sortilegio.

(6)

Impaciente de invierno,
cercada por el polvo,
el hollín, la polilla,
el humo,
el cielo espeso,
la lluvia cenicienta –
      me encomiendo a tu cuerpo.

Inquieta de anochecer,
asediada por mi edad
y la presencia incorregible
del recuerdo,
yo, torpe aprendiz
de este tan concreto fin de día –
      me encomiendo a tu cuerpo.

(7)

"estación"
como si el año hiciese escala,
se detuviera,
en cada cambio de agua
y color

como si pudiera descender
del tren
equipaje en mano,
meditabundo,
y decidir si ahí se queda,
si ahí descansa,
si ahí –pirómano–
quema la locomotora
de una vez

(8)

i

¿Y a qué nombre responderá
niñina?
A Paola.
Pajarito con pelambre
de puerco espín.
Paolapaloma
cajita con vieja música
de caracola.
Chiquirritina
vestida de arlequín.
Paolamapola
con sus dos manitas
por juguete: mi niña
en su cuna sola –
con su pez rosado
y señora osa,
de cabeza,
en el taburete.

ii

Paola se enfada.

Paola protesta
que el lobo, madre,
es bueno y no devora abuelas
y la zorra, dulce,
y la bruja, amable.
Y que no, que no hay madrastras
ni bosques donde se pierdan
niños, migajas, ovejas.
Que si alguien llora
con un beso basta
para que mire como el sol
dibuja, en el techo, barcos,
mariposas, pañuelos.

No, madre, nadie devora
conejos, niños, ni gallinas,
y nadie esconde el rostro
de miedo,
ni muere, vendiendo fósforos,
de frío.

No. No. Nadie. Nadie.

Paola insiste. Se rebela. Me regaña.

iii

en Ginebra, días después de un viaje a Pisa

¿Qué haces, Paola,
con tu sábana en el piso?

Hago un bote,
madre,
y parto a enderezar torres.

(9)

Todos los cristales de la noche,
aquella noche,
permanecieron quietos.
La luna en su sitio.
La rama en su árbol.
La tierra en invierno.

Sólo yo quedé irremediablemente
rota
bajo mi espalda hecha arco.

(Años hace,
y nadie aún cuenta se ha dado.)

(10)

No, amado, no te culpes.

Yo no supe acercar el cántaro
a tu boca
ni ser lo suficientemente
hermosa.

Yo no supe pronunciar la frase
que el ángel me tenía señalada
ni ser hija de Batuel
(hijo de Nacor y de Melca)
ni tener "ama de leche"
ni cubrir mi rostro
con la correspondiente
tela.

Alguien así no merece
el amparo bendito de tu tienda.

No, amado, no te culpes.

Yo no supe ser Rebeca.

(11)

Es tu rostro, Verónica,
el que debió estamparse
en el paño mítico,
en tu tosco pañuelo limpiecito,
en tu blanca bandera de algodón.

Nos debió haber quedado tu rostro,
Verónica, tu rostro:
las aguas de tus ojos, la línea
de tus pómulos,
el gesto de tu frente,
y tus dientes
mordiendo un fino labio inferior.

Debimos haber guardado
alguna pista, alguna huella,
para aprender tu rostro,
para encontrar el paño mítico,
tu tosco pañuelo limpiecito,
tu blanca bandera de algodón.

Ni Juan ni Lucas
ni Marcos ni Mateo
se detuvieron a observarte.
Y no hubo ni cofres ni cristal
ni túneles ni sótanos ni cuevas
para preservar el paño mojadito
de tu pena,

ni brazos de hombres fuertes
para alzar eternamente por la Tierra
el retazo almidonado
de tu compasión.

(12)

Señora osa que invierna en verano
y multiplica por dentro
pulmoncitos y manos,
estómago, corazón, cerebro,
cráneo...

Señora osa que come y duerme
escondida en metáforas
y cuenta los meses
y cuenta sus ansias
ensimismada...

Señora osa que soba su vientre
hinchado (esfera,
pelota suave,
almohada,
bola de cristal ciega)...

Señora osa merece
un vástago
que la despierte,
que la saque al mundo,
que la lance a pisar
la tierra.

22 POEMAS POR LA CASA...

And everything which was in the world now was in the house. And there was no outside. It could not be said that the earth had been destroyed, but it was not as it had been. The world was a house. It was a small world but a large house.

Laura Riding

Esta casa me da entero bien, entero lugar para este no saber dónde estar.

César Vallejo

(1)

Ni mar ni montaña
pero tierra y cielo
y espacio interminable
y una casa
–patria única–
donde refugiarme.

Ni catedrales
ni piedras viejas
pero flores antiquísimas
que se saben
los pétalos
y el tiempo
de memoria.

Aquí pues la lección
es simple,
y la secuencia, otra.

(2)

A prueba de asedio
mi casa
se disfraza de castillo
y afila la esquina,
los árboles y el techo.
Mi casa tiene todas las virtudes
de una isla–
y sus peligros.

Se enfrenta a la mañana
inconmovible
con su vieja coraza
de roble y piedra,
y rodeada por todas sus costas
de viento
empina el cielo
para beberse gozosa la nieve
o el aguacero.

Se cree los límites del mapa,
comienzo y fin de lo terrestre,
todo lo acuático y distante
le es ajeno.

La quiero así
hermética y segura,
firme, lejos de toda cordillera,

que me guarde siempre:
isla, castillo, ataúd,
fortaleza,
cementerio.

(3)

Hasta la noche teme a lo negro
y a falta de estrellas
se echa encima cocuyos,
luciérnagas,
mosquitos,
relámpagos y truenos.

Pero aquí está mi casa
de gruesos muros
y a mi antojo
apago luces
paso candados
oscurezco el mundo.

(4)

Mi tierra revienta.
Las altas lilas son ángeles.
La magnolia, puro pétalo.
Los tulipanes se izan
con pinta de rábanos frescos.

Qué apasionada epopeya
este verde parto
silencioso
tras el cristal de la puerta
o bajo los pies
o colándose cómplice por la ventana
abierta
hasta nuestro lecho.

Imposible hallar patria
más olorosa y fértil,
más sabihonda,
que esta casa en abril.

(5)

Arce

Candelabro
pequeño
árbol
nuestro
en otoño
te enciendes
contra lluvia
y viento

Cada hoja
una llama

Noviembre
se abraza
a tu tronco
y tú lo meces
lo meces
entre tus tibias
ramas

(6)

i

Arena blanca
profunda arena
–en vez de castillos
hombres de nieve–
hombres de nieve
mamando
leche helada

ii

Invierno flaco,
albino terco:
todo lo desnudas
hasta el esqueleto,
reduces cada árbol
a silueta.
Bufón:
disfrazas o escondes
lo que nos queda,
en la calle,
de humano.

Pero de ti se burlan
(y yo con ellos)
los cardenales que bordean
mi casa,
y la tierna dureza roja
del acebo.

(7)

Nadie se detiene
por el prójimo –
y las lealtades
caen
como estos copos,
ligeros, veloces,
anónimos.

Todo, al fin y al cabo,
como la nieve,
se hace agua,
se desparrama
se evapora
desaparece.

Todo salvo este hombre
y su hembra
que supieron detenerse
y salvaron
su lealtad
tras los altos muros
de una casa
con jardín de pinos
y extensión de fuente.

(8)

Porque todo tiene su plazo
y el tiempo es
un bozal extraordinario
ya ni el silencio te recuerda

y la defensa no osó
traer testigos
ni hacer gestos

la pena y el árbol
el aire y el odio
–juez y jurado–
adelantaron la sentencia
inapelable

y del juicio
no quedó rastro
marca ni huella
fósil alguno
polvo de libro
eco

(9)

epitafio para un olmo

Supo tutearse con los cielos
y abanicar las estrellas
en la pequeña noche
del verano.

La luna se acostó en sus ramas
celosa de tanto pájaro.

Nadie como él ofreció al sol
un mejor ramo de hojas
y en invierno
una mejor silueta,
un racimo más inmenso de tentáculos,
un perfil más empinado.

Murió de pie
como los hombres héroes.

Y este arce
es su monumento lapidario.

(10)

Joseph Michael
me trepa
las piernas
y se enreda
en mis brazos

Toda mi armazón
de huesos
respira mejor
a su lado

Lo huelo y lo huelo:
maderita de sándalo
acurrucada
a mi pecho

Todo mi bosque
ancestral
despierta
y se vuelca
en su oloroso
cuerpo

(11)

Miniele la sabia
pontifica
que le es necesario
un príncipe
a la ardilla muerta.

Miniele no duda
que de toda muerte
–a fuerza de besos–
se despierta uno.

(12)

No hubo puerto de partida.
Por tanto ni el regreso
ni la nostalgia
son posibles.

Te acepto pues, casa mía,
isla de muros,
desprovista de mundo.

Debo descontar la historia
a mis hijos:
enseñarles que del velero
sólo queda el ancla
hecha casa
imperturbable
tiesa
firme.

La tempestad y el maremoto
sólo logran sacudir
mi oscuro pecho
incorregible
tierno
roto.

(13)

a Sylvia Plath
y Marina Tsvetaeva

Con horno y soga
se partieron el cuello

Cabezas de jacinto
peludas de pétalos

Cabezas de jacinto
las dos cayeron

Una –Sylvia–
a fuerza de enfermedad
y tedio

La otra –Marina–
a fuerza de exilio,
de maldad, de guerra

Tanto perfume desmembrado
tanto bulbo descompuesto
maldicen, pudriéndose,
la primavera
y todo el resto

(14)

Quién fuera tulipán:
asomarse a la tierra
sólo unos días
guiñar los pétalos
cubrirse de gozo
vestirse de fuego

Y ocultar hasta la muerte
lo esencial del asunto:
el negro centro
negrísimo:
el susto

(15)

Yo todo lo quiero en mi casa
hecho de barro, paja y madera,
y las ventanas abiertas
para que entren los árboles,
los pájaros,
la madreselva.

¡Ay, casa mía:
fortaleza, bastión,
fiel carapacho!

(16)

Aquí todo se hizo mínimo –
    los ángeles: pájaros
    el mundo: una casa
    el paraíso: un pecho
        (tibio)
    la eternidad:
        este alboroto
        incansable
        de los niños

Aquí pude atreverme a todo –
    tenderme desnuda
    hasta echar espinas,
    galopar jirafas,
    amansar ardillas,
    perderme en un libro,
    colgar el alma
    en el mismito medio
    del camino

(17)

En el fondo del bosque
me esperaba esta casa–
tierra adentro.

Le traje azul y corales
mi viejo olor a salitre
mi paso de ola taimada.

Me dio su vientre profundo
la sombra que alivia
la sombra que sana.

Le encendí un fuego alto.
La poblé de cuadros y voces,
de telas, columpio,
ollas, retratos y cama.

Me acomodó el amor
a cualquier hora
y un tajo de cielo
por cada ventana.

(18)

Debo aprender
la determinación de Judit
y la sangre fría de Jahel.

(Ya ni mi casa
me protege.)

Ah... cortarle la cabeza...
desenvainar el alfanje...
juntarle el sueño con la muerte...
aplicarle la estaca
a golpe de martillo
sobre la sien...

Pero mi enemigo no tiene cabellos.
No se duerme de embriaguez.
No da cuerpo para un manto.

Peor aún:
no hay Dios
que fortifique mi corazón
para este intento,
ni Betulia que celebre
con alabanzas y salmos.

(19)

The Archangel is the conqueror of Satan, the mightiest of all created spirits, the nearest to God. His place was were the danger was greatest; therefore you find it here.

Henry Adams

Al arcángel de la sala
nadie le ha rezado
en mil ochocientos años.

Le pido que proteja la casa –
que la guarde de las ráfagas
(de mi furia)
y del fango
(de mi desesperanza).
Que la cubra de noche
con sus viejas alas –
que interceda,
que se bata.

(20)

a Jorge Luis Borges
in memoriam

The greatest of poems is an inventory.
G. K. Chesterton

El cuero gastado de las sillas.
Los rostros de la Kollwitz.
El sombrero incansable de Magritte.
El ángel de alas cortas
con cien años más que Cristo
(y el busto de Minerva
con trescientos menos).
Trece pinos, tres magnolias.
El autógrafo de T. S. Eliot
y otro de Gertrude Stein.
Un arce de nombre gloria-de-octubre
y otro japonés.
La cabeza infantil de la Cassatt.
Los desahucios de Arturo.
Los grabados de Ginebra,
de Cleveland, de La Habana,
de Sils y de Tataria.
Ese armario pintado hace un siglo
en Appenzell.

A mi casa no le pesan
ni arte ni alas.

Ni raíces ni recuerdos
le mellan la piel.

(21)

En julio tu rostro
se me confunde con estos lirios
que en tu lengua
se dicen tigres.
En junio fue con los írises.
En mayo, con los jacintos.

No sé por qué siempre
te me confundes con flores,
siempre te mezclo con ellas –
con el encanto, todo el hechizo
que brota puntual
de la tierra.

(22)

He tenido tantas vidas,
tantos nombres,
que a mi casa no le hace falta
más gato que yo misma.

Basta conmigo
para alborotarle el techo con luna
y hacerle ronda
a cada rincón, vericueto, curva.

...Y UNO EN MÉXICO

I

Alabastro de mañana
          (Oaxaca resplandece)
Oro rayando el mediodía
          (Oaxaca reverbera)
Opalo de tarde
          (Oaxaca refleja)
Jade oscuro y macizo
en la alta noche del valle
          (Oaxaca se sueña)

II

De Santo Domingo
(jaula de oropéndolas)
a la Soledad
en su Parque de la Danza:
voy pensando fresno,
eucalipto, ciprés,
jacaranda

SEIS EN FRANCIA

avec... *"le coeur lourd de tout ce que j'avais vu d'inexprimable!"*

Julien Green

CATEDRALES

(i) París

Como nave
en una isla
que parece nave:

barco con rosas
de vidrio
y remos
de piedra

remos: alas
piedra: encaje,
santos, diablos,
burla

catedral que se sueña
buque o pájaro
incansable

(ii) Reims

una catedral (según el guía)
es paraíso sobre tierra
por eso hay aquí tanto ángel

pero sólo dos que sonríen
(aunque mancos y cenicientos)

(iii) Laon

¿El monumento más elocuente
de Francia?
Los bueyes en las torres
de Laon.
Son ellos los que coronan
el alto monte.
Bestias que bendicen
la catedral, el claustro,
el pueblo

y no le temen a la niebla
ni a las ráfagas
ni al día

(iv) Chartres

Biblia de vidrio
Biblia de piedra

La flecha de Péguy
se empina quieta
en el aire

La esperanza se enciende
y agota
de tarde

ISLA SAN LUIS

Camille Claudel
Marie Curie

Piedra y ausencia
en cada orilla del río

En la otra isla
tierra adentro
la Presencia
la presencia
de un misterio

ENRIQUE IV

La punta verde galante
iza
desde el fondo del agua
sus árboles desnudos –
remos, ramas,
astas

METRO

Lectores, estudiantes,
rateros, comerciantes,
músicos, enanos,
mendigos, vagabundos,
pordioseros

El metro de París
es digno de Velázquez,
de Pedro Brueghel el joven
(no de Botero)

Repleto de soledad
sin sol
con mucho anuncio,
prisa, dolor,
burócratas,
turistas,
poemas,
niños,
viejos

NOS DAMES

Damas, señoras nuestras,
pero no mías

de París
y de Pigalle

de las Victorias
y la rue du Bac

de la Consolación
y del niño roto

en la puerta septentrional

POLÍGLOTA

Notre Dame
St. Ephrem, St. Etienne-du-Mont,
St. Médard
St. Sulpice, St. Germain-des-Prés
St. Julien-le-Pauvre, St. Séverin
Notre Dame

St. Gervais
St. Eustache, St. Merri
Notre Dame des Victoires
St. Germain l'Auxerrois
St. Leu-St. Gilles
St. Gervais

Notre Dame

ÍNDICE

Este libro se terminó de imprimir
el día 15 de octubre de 1994.

editorial **BETANIA**

Apartado de Correos 50.767
28080 Madrid, ESPAÑA
Teléf. 314 55 55

CATALOGO

- **COLECCION BETANIA DE POESIA. Dirigida por Felipe Lázaro:**

— *Para el amor pido la palabra*, de Francisco Alvarez-Koki, 64 pp., 1987. ISBN: 84-86662-00-1. PVP: 300 ptas. ($ 6.00). **Agotado.**
— *Piscis*, de José María Urrea, 72 pp., 1987. ISBN: 84-86662-03-6. PVP: 300 ptas. ($ 6.00). **Agotado.**
— *Acuara Ochún de Caracoles Verdes (Poemas de un caimán presente) Canto a mi Habana*, de José Sánchez-Boudy, 48 pp., 1987. ISBN: 84-86662-02-08. PVP: 300 ptas. ($ 6.00).
— *Los muertos están cada día más indóciles*, de Felipe Lázaro. Prólogo de José Mario, 40 pp., 1987. ISBN: 84-86662-05-2. PVP: 300 ptas. ($ 6.00). **Agotado.**
— *Oscuridad Divina*, de Carlota Caulfield. Prólogo de Juana Rosa Pita, 72 pp., 1987. ISBN: 84-86662-08-7. PVP: 400 ptas. ($ 6.00).
— *El Cisne Herido y Elegía*, de Luis Ayllón Carrión y Julia Trujillo. Prólogo de Susy Herrero, 208 pp., 1988. ISBN: 84-86662-13-3. PVP: 700 ptas. ($ 9.00).
— *Don Quijote en América*, de Miguel González. Prólogo de Ramón J. Sender, 104 pp., 1988. ISBN: 84-86662-12-5. PVP: 500 ptas. ($ 8.00).
— *Palíndromo de Amor y Dudas*, de Benita C. Barroso. Prólogo de Carlos Contramaestre, 80 pp., 1988. ISBN: 84-86662-16-8. PVP: 500 ptas. ($ 8.00).
— *Transiciones*, de Roberto Picciotto, 64 pp., 1988. ISBN: 84-86662-17-6. PVP: 400 ptas. ($ 6.00).
— *La Casa Amanecida*, de José López Sánchez-Varos, 72 pp., 1988. ISBN: 84-86662-18-4. PVP: 600 ptas. ($ 6.00).
— *Trece Poemas*, de José Mario, 40 pp., 1988. ISBN: 84-86662-20-6. PVP: 1.000 ptas. ($ 10.00).
— *Retorno a Iberia*, de Oscar Gómez-Vidal. Prólogo de Rafael Alfaro, 72 pp., 1988. ISBN: 84-86662-21-4. PVP: 400 ptas. ($ 6.00).
— *Acrobacia del Abandono*, de Rafael Bordao. Prólogo de Angel Cuadra, 40 pp., 1988. ISBN: 84-86662-22-2. PVP: 400 ptas. ($ 6.00).
— *De sombras y de sueños*, de Carmen Duzmán. Prólogo de José-Carlos Beltrán, 112 pp., 1988. ISBN: 84-86662-24-9. PVP: 500 ptas. ($ 8.00).
— *La Balinesa y otros poemas*, de Fuat Andic, 72 pp., 1988. ISBN: 84-86662-25-7. PVP: 400 ptas. ($ 6.00).
— *No hay fronteras ni estoy lejos*, de Roberto Cazorla, 64 pp., 1989. ISBN: 84-86662-26-5. PVP: 400 ptas. ($ 6.00).
— *Leyenda de una noche del Caribe*, de Antonio Giraudier, 56 pp., 1989. ISBN: 84-86662-29-X. PVP: 400 ptas. ($ 6.00).
— *Vigil/Sor Juana Inés / Martí*, de Antonio Giraudier, 56 pp., 1989. ISBN: 84-86662-28-1. PVP: 400 ptas. ($ 6.00).
— *Bajel Ultimo y otras obras*, de Antonio Giraudier, 120 pp., 1989. ISBN: 84-86662-30-3. PVP: 500 ptas. ($ 8.00).
— *Equivocaciones*, de Gustavo Pérez Firmat, 56 pp., 1989. ISBN: 84-86662-32-X. PVP: 400 ptas. ($ 6.00).
— *Altazora acompañando a Vicente*, de Maya Islas, 56 pp., 1989. ISBN: 84-86662-27-3. PVP: 400 ptas. ($ 6.00).
— *Hasta el Presente (Poesía casi completa)*, de Alina Galliano, 336 pp., 1989. ISBN: 84-86662-33-8. PVP: 1.500 ptas. ($ 20.00).
— *No fue posible el sol*, de Elías Miguel Muñoz, 64 pp., 1989. ISBN: 84-86662-34-6. PVP: 400 ptas. ($ 6.00).

- *Hermana,* de Magali Alabau. Prólogo de Librada Hernández, 48 pp., 1989. ISBN: 84-86662-35-4. PVP: 400 ptas. ($ 6.00).
- *Blanca Aldaba Preludia,* de Lourdes Gil, 56 pp., 1989. ISBN: 84-86662-37-0. PVP: 400 ptas. ($ 6.00).
- *El amigo y otros poemas,* de Rolando Campins, 64 pp., 1989. ISBN: 84-86662-39-7. PVP: 400 ptas. (S 6.00).
- *Tropel de Espejos,* de Iraida Iturralde, 56 pp., 1989. ISBN: 84-86662-40-0. PVP: 400 ptas. ($ 6.00).
- *Calles de la Tarde,* Antonio Giraudier, 88 pp., 1989. ISBN: 84-86662-42-7. PVP: 500 ptas. ($ 8.00).
- *Sombras Imaginarias,* de Arminda Valdés-Ginebra, 40 pp., 1989. ISBN: 84-86662-44-3. PVP: 400 ptas. ($ 6.00).
- *Voluntad de vivir manifestándose,* de Reinaldo Arenas, 128 pp., 1989. ISBN: 84-86662-43-5. PVP: 1.000 ptas. ($ 10.00).
- *A la desnuda vida creciente de la nada,* de Jesús Cánovas Martínez. Prólogo de Joaquín Campillo, 112 pp. 1990. ISBN: 84-86662-50-8. PVP: 800 ptas. ($ 8.00). **Agotado**.
- *Sabor de tierra amarga,* de Mercedes Limón. Prólogo de Elías Miguel Muñoz, 72 pp., 1990. ISBN: 84-86662-51-6. PVP: 800 ptas. ($ 8.00).
- *Delirio del Desarraigo,* de Juan José Cantón y Cantón, 48 pp., 1990. ISBN: 84-86662-52-4. PVP: 700 ptas. ($ 6.00).
- *Venías,* de Roberto Valero, 128 pp., 1990. ISBN: 84-86662-54-0. PVP: 1.000 ptas. ($ 10.00).
- *Osadía de los soles truncos / Daring of the brief suns,* de Lydia Vélez-Román (traducción: Angela McEwan), 96 pp., 1990. ISBN: 84-86662-56-7. PVP: 800 ptas. ($ 8.00) **(Edición Bilingüe)**.
- *Noser,* de Mario G. Beruvides. Prólogo de Ana Rosa Núñez, 72 pp., 1990. ISBN: 84-86662-58-3. PVP: 800 ptas. ($ 8.00).
- *Oráculos de la primavera,* de Rolando Camozzi Barrios. 56 pp., 1990. ISBN: 84-86662-65-1. PVP: 800 ptas. ($ 8.00).
- *Poemas de invierno,* de Mario Markus. 64 pp., 1990. ISBN: 84-86662-60-5. PVP: 800 ptas. ($ 8.00).
- *Crisantemos/Chrysanthemums,* de Ana Rosa Núñez. Prólogo de John C. Stout. Traducción: Jay H. Leal, 88 pp., 1990. ISBN: 84-86662-61-3. PVP: 1.000 ptas. ($ 10.00) **(Edición Bilingüe)**.
- *Siempre Jaén,* de Carmen Bermúdez Melero. Prólogo de Fanny Rubio, 96 pp., 1990. ISBN: 84-86662-62-1. PVP: 1.000 ptas. ($ 10.00).
- *Vigilia del Aliento,* de Arminda Valdés-Ginebra, 40 pp., 1990. ISBN: 84-86662-66-4. PVP: 600 ptas. ($ 6.00).
- *Leprosorio (Trilogía Poética),* de Reinaldo Arenas, 144 pp., 1990. ISBN: 84-8662-67-2. PVP: 1.500 ptas. ($ 15.00).
- *Hasta agotar el éxtasis,* de María Victoria Reyzábal, 64 pp., 1990. ISBN: 84-86662-69-9. PVP: 800 ptas. ($ 8.00).
- *Alas,* de Nery Rivero, 96 pp., 1990. ISBN: 84-8662-72-9. PVP: 1.000 ptas. ($ 10.00).
- *Cartas de Navegación,* de Antonio Merino, 80 pp., 1990. ISBN: 84-86662-76-1. PVP: 1.000 ptas. ($ 10.00).
- *Inmanencia de las cenizas,* de Inés del Castillo, 40 pp., 1991. ISBN: 84-86662-70-2. PVP: 600 ptas. ($ 6.00).
- *Un caduco calendario,* de Pancho Vives, 48 pp., 1991. ISBN: 84-86662-38-9. PVP: 1.000 ptas. ($ 10.00).
- *Polvo de Angel,* de Carlota Caulfield (*Polvere d'Angelo,* traduzione di Pietro Civitareale; *Angel Dust,* Translated by Carol Maier), 64 pp., 1991. ISBN: 84-86662-41-9. PVP: 800 ptas. ($ 8.00) **(Edición Trilingüe)**.
- *Las aristas desnudas,* de Amelia del Castillo, 80 pp., 1991. ISBN: 84-86662-74-5. PVP: 1.000 ptas. ($ 10.00).

- *A la desnuda vida creciente de la nada,* de Jesús Cánovas Martínez. Prólogo de Joaquín Campillo, 112 pp., 1991. ISBN: 84-86662-75-3. PVP: 1.000 ptas. ($ 10.00) **(2.ª edición)**.
- *Andar en torno,* de Pascual López Santos, 72 pp., 1991. ISBN: 84-86662-78-8. PVP: 800 ptas. ($ 8.00).
- *El Bristol,* de Emeterio Cerro, 56 pp., 1991. ISBN: 84-86662-77-X. PVP: 800 ptas. ($ 8.00).
- *Eclipse de Mar,* de Josep Pla i Ros. Prólogo de José-Carlos Beltrán, 96 pp., 1991. ISBN: 84-86662-79-6. PVP: 800 ptas. ($ 8.00).
- *El Balcón de Venus,* de Rafael Hernández Rico. Prólogo de Rafael Soto Vergés, 104 pp., 1991. ISBN: 84-86662-81-8. PVP: 1.000 ptas. ($ 10.00).
- *Introducción y detalles,* de Javier Sánchez Menéndez, 48 pp., 1991. ISBN: 84-86662-82-6. PVP: 800 ptas. ($ 8.00).
- *Sigo zurciendo las medias de mi hijo,* de Arminda Valdés-Ginebra, 56 pp., 1991. ISBN: 84-86662-80-X. PVP: 800 ptas. ($ 8.00).
- *Diálogo con el mar,* de Vicente Peña, 40 pp., 1991. ISBN: 84-86662-83-4. PVP: 600 ptas. ($ 6.00).
- *Prohibido fijar avisos,* de Manuel Cortés Castañeda. Prólogo de Esperanza López Parada, 88 pp., 1991. ISBN: 84-86662-85-0. PVP: 1.000 ptas. ($ 10.00).
- *Desde los límites del Paraíso,* de José M. Sevilla, 64 pp., 1991. ISBN: 84-86662-86-9. PVP: 800 ptas. ($ 8.00).
- *Jardín de Romances y Meditaciones,* de Carmen Velasco. Prólogo de Angeles Amber, 88 pp., 1991. ISBN: 84-86662-89-3. PVP: 900 ptas. ($ 9.00).
- *Mosaicos bajo la hiedra,* de Amparo Pérez Gutiérrez. Prólogo de Julieta Gómez Paz, 80 pp., 1991. ISBN: 84-86662-88-5. PVP: 1.000 ptas. ($ 10.00).
- *Merla,* de Maya Islas. Traducción Edgar Soberon 112 pp., 1991. ISBN: 84-86662-93-1. PVP: 1.000 ptas. ($ 10.00) **(Edición Bilingüe)**.
- *Hemos llegado a Ilión,* de Magali Alabau, 40 pp., 1991. ISBN: 84-86662-91-5. PVP: 800 ptas. ($ 8.00).
- *Cuba sirena dormida,* de Evelio Domínguez, 224 pp., 1991. ISBN: 84-86662-97-4. PVP: 1.275 ptas. ($ 15.00).
- *La novia de Lázaro,* de Dulce María Loynaz, 48 pp., 1991. ISBN: 84-8017-000-X. PVP: 800 ptas. ($ 8.00). **Premio Cervantes 1992**.
- *Mayaland,* de Robert Lima, 64 pp., 1992. ISBN: 84-8017-001-8. PVP: 1.000 ptas. ($ 10.00) **(Edición Bilingüe)**.
- *Vértices de amores escondidos,* de Francisco de Asís Antón Sánchez. Prólogo de Carlos Miguel Suárez Radillo, 56 pp., 1992. ISBN: 84-8017-003-4. PVP: 800 ptas. ($ 8.00).
- *Poemas irreparables,* de Pascual López Santos, 48 pp., 1992. ISBN: 84-8017-005-0. PVP: 800 ptas. ($ 8.00).
- *Hermana / Sister,* de Magali Alabau. Prólogo de Librada Hernández, 80 pp., 1992. ISBN: 84-86662-96-6. PVP: 1.000 ptas. ($ 10.00) **(Edición Bilingüe)**.
- *Tigre Sentimental,* de Carlos Hugo Mamonde. Prólogo de Leopoldo Castilla, 48 pp., 1993. ISBN: 84-8017-010-7. PVP: 800 ptas. ($ 8.00).
- *Desde la Soledad del Agua,* de Rafael Bueno Novoa, 64 pp., 1993. ISBN: 84-8017-009-3. PVP: 800 ptas. ($ 8.00).
- *Piranese,* de Pierre Seghers. Traducción de Ana Rosa Núñez, 80 pp., 1993. ISBN: 84-8017-014-X. PVP: 1.000 ptas. ($ 10.00) **(Edición Bilingüe)**.
- *La Luz Bajo Sospecha,* de Pancho Vives, 88 pp., 1993. ISBN: 84-8017-013-1. PVP: 1.000 ptas. ($ 10.00).
- *La Maruca Bustos,* de Emeterio Cerro, 56 pp., 1993. ISBN: 84-8017-018-2. PVP: 800 ptas. ($ 8.00).
- *Una como autobiografía espiritual,* de Emilio M. Mozo, 80 pp., 1993. ISBN: 84-8017-019-0. PVP: 1.000 ptas. ($ 10.00).
- *Huellas Imposibles (poemas y pensamientos),* de José María Urrea, 88 pp., 1993. ISBN: 84-8017-023-9. PVP: 800 ptas. ($ 8.00).

- *Confesiones eróticas y otros hechizos,* de Daína Chaviano, 72 pp., 1994. ISBN: 84-8017-022-0. PVP: 1.000 ptas. ($10.00).
- *Cuaderno de Antinoo,* de Alberto Lauro, 56 pp., 1994. ISBN: 84-8017-015-8. PVP: 800 ptas. ($ 8.00).
- *Los Hilos del Tapiz,* de David Lago González. Prólogo de Rolando Morelli, 80 pp., 1994. ISBN: 84-8017-006-9. PVP: 1.000 ptas. ($ 10.00).
- *Un jardín de rosas violáceas,* de Elena Clavijo Pérez, 40 pp., 1994. ISBN: 84-8017-033-6. PVP: 800 ptas. ($ 8.00).
- *Señales para hallar ese extraño lugar en el que habito,* de Osvaldo R. Sabino, 128 pp., 1994. ISBN: 84-8017-020-4. PVP: 1.000 ptas. ($10.00).
- *El Duende de Géminis,* de Mario Angel Marrodán, 56 pp., 1994. ISBN: 84-8017-025-5. PVP: 800 ptas. ($ 8.00).
- *Erase una vez una anciana,* de Pancho Vives, 48 pp., 1994. ISBN: 84-8017-027-1. PVP: 800 ptas. ($ 8.00).
- *Andarivel,* de Juan Antonio Cebrián, 56 pp., 1994. ISBN: 84-8017-034-4. PVP: 800 ptas. ($ 8.00).
- *La Nostalgia del Edén,* de Rolando Vera Portocarrero. Prólogo de Alfredo Villaverde, 160 pp., 1994. ISBN: 84-X017-030-1. PVP: 1.500 ptas. ($ 15.00).
- *Psicalgia/Psychalgie,* de Juan José Cantón y Cantón. Traducción: María Angeles Fernández Riera, 88 pp., 1994. ISBN: 84-8017-035-2. PVP: 1.200 ptas. ($ 10.00) **(Edición bilingüe).**
- *Alma secreta,* de Ernesto Escudero, 112 pp., 1994. ISBN: 84-8017-036-0. PVP: 1.000 ptas. ($ 10.00).
- *Entero Lugar,* de Laura Ymayo Tartakoff, 88 pp., 1994. ISBN: 84-8017-037-9. PVP: 1.000 ptas. ($ 10.00).
- *Kyrie Eleison,* de Jesús Cánovas, 120 pp., 1994. ISBN: 84-8017-041-7. PVP: 1.000 ptas. ($ 10.00).
- *Las Horas Hermosas,* de Raúl Pérez Cobo, 48 pp., 1994. ISBN: 84-8017-042-5. PVP: 800 ptas. ($ 8.00).

- **COLECCION ANTOLOGIAS:**

- *Poetas Cubanos en España,* de Felipe Lázaro. Prólogo de Alfonso López Gradoli, 176 pp., 1988. ISBN: 84-86662-06-0. PVP: 1.000 ptas. (S 15.00).
- *Poetas Cubanos en Nueva York,* de Felipe Lázaro. Prólogo de José Olivio Jiménez, 264 pp., 1988. ISBN: 84-86662-11-7. PVP: 1.500 ptas. ($ 20.00).
- *Poetas Cubanos en Miami,* de Felipe Lázaro, 136 pp., 1993. ISBN: 84-8017-004-2. PVP: 1.000 ptas. ($ 10.00).
- *Poesía Chicana,* de José Almeida (en preparación).
- *Antología Breve: Poetas Cubanas en Nueva York / A Brief Anthology: Cuban Women Poets in New York,* de Felipe Lázaro. Prólogo de Perla Rozencvaig, 136 pp., 1991. ISBN: 84-86662-73-7. PVP: 1.500 ptas. ($ 15.00) **(Edición Bilingüe)**.
- *Trayecto Contiguo,* (Ultima poesía). Prólogo de Sagrario Galán, 160 pp., 1993. ISBN: 84-8017-012-3. PVP: 1.000 ptas. ($ 10.00).
- *Literatura Revolucionaria Hispanoamericana (Antología),* de Mirza L. González, 488 pp., 1994. ISBN: 84-8017-026-3. PVP: 2.000 ptas. ($ 25.00).
- *Poesía Cubana: La Isla Entera,* de Felipe Lázaro y Bladimir Zamora, 400 pp., 1994. ISBN: 84-8017-040-9. PVP: 2.000 ptas. ($ 25.00).

- **COLECCION DE ARTE:**

- *José Martí y la pintura española,* de Florencio García Cisneros, 120 pp., 1987. ISBN: 84-86662-01-X. PVP: 800 ptas. ($ 10.00).
- *Ensayos de Arte,* de Waldo Balart, 136 pp., 1993. ISBN: 84-8017-017-4. PVP: 1.500 ptas. ($ 15.00).

- **COLECCION ENSAYO:**
  - *Los días cubanos de Hernán Cortés y su lucha por un ideal,* de Angel Aparicio Laurencio, 48 pp., 1987. ISBN: 84-86662-09-5. PVP: 500 ptas. ($ 6.00).
  - *Desde esta Orilla: Poesía Cubana del Exilio,* de Elías Miguel Muñoz, 80 pp. 1988. ISBN: 84-86662-15-X. PVP: 800 ptas. ($ 10.00).
  - *Alta Marea. Introvisión crítica en ocho voces latinoamericanas: Belli, Fuentes, Lagos, Mistral, Neruda, Orrillo, Rojas, Villaurrutia,* de Alicia Galaz-Vivar Welden, 120 pp., 1988. ISBN: 84-86662-23-0. PVP: 900 ptas. ($ 12.00).
  - *Novela Española e Hispanoamericana Contemporánea: temas y técnicas narrativas,* de María Antonia Beltrán-Vocal, 504 pp., 1989. ISBN: 84-86662-46-X- PVP: 2.000 ptas. ($ 25.00).
  - *Poesías de J.F. Manzano, esclavo en la isla de Cuba,* de Adriana Lewis Galanes, 128 pp., 1991. ISBN: 84-86662-92-3. PVP: 1.500 ptas. ($ 15.00).
  - *El Ranchador de Pedro José Morillas,* de Adriana Lewis Galanes, 56 pp., 1992. ISBN: 84-86662-94-X. PVP: 1.000 ptas. ($ 10.00).
  - *El discurso dialógico de* La era Imaginaria *de René Vázquez Díaz,* de Elena M. Martínez, 104 pp., 1992. ISBN: 84-86662-87-7. PVP: 1.000 ptas. ($ 10.00).
  - *Francisco Grandmontagne, un noventayochista olvidado, de Argentina a España,* de Amalia Lasarte Dishman, 152 pp., 1994. ISBN: 84-8017-029-8. PVP: 1.000 ptas. ($ 10.00).
  - *Cuba: País Olvidado,* de Sergio Heredia Corrales, 228 pp., 1994. ISBN: 84-8017-039-5. PVP: 2.000 ptas. ($ 20.00).

- **COLECCION EDICIONES CENTRO DE ESTUDIOS POETICOS HISPANICOS. Dirigida por Ramiro Lagos:**
  - *Oficio de Mudanza,* de Alicia Galaz-Vivar Welden, 64 pp., 1987. ISBN: 84-86662-04-4. PVP: 400 ptas. ($ 6.00).
  - *Canciones Olvidadas,* de Luis Cartañá. Prólogo de Pere Gimferrer, 48 pp., 1988. ISBN: 84-86662-14-1. PVP: 400 ptas. ($ 6.00). **(6.ª edición).**
  - *Permanencia del Fuego,* de Luis Cartañá. Prólogo de Rafael Soto Vergés, 48 pp., 1989. ISBN: 84-86662-19-2. PVP: 400 ptas. ($ 6.00).
  - *Tetuán en los sueños de un andino,* de Sergio Macías, 72 pp., 1989. ISBN: 84-86662-47-8. PVP: 700 ptas. ($ 8.00).
  - *Disposición de Bienes,* de Roberto Picciotto, 112 pp., 1990. ISBN: 84-86662-63-X. PVP: 1.000 ptas. ($ 10.00).

- **COLECCION CIENCIAS SOCIALES. Dirigida por Carlos J. Báez Evertsz:**
  - *Educación Universitaria y Oportunidad Económica en Puerto Rico,* de Ramón Cao García y Horacio Matos Díaz., 216 pp., 1988. ISBN: 84-86662-10-9. PVP: 1.000 ptas. ($ 14.75).

- **COLECCION PALABRA VIVA:**
  - *Conversación con Gastón Baquero,* de Felipe Lázaro, 40 pp., 1987. ISBN: 84-86662-07-9. PVP: 400 ptas. ($ 6.00). **Agotado.**
  - *Conversación con Reinaldo Arenas,* de Francisco Soto, 72 pp., 1990. ISBN: 84-86662-57-5. PVP: 1.000 ptas. ($ 10.00).
  - *Conversación con Gastón Baquero,* de Felipe Lázaro. Prólogo de Juan Gustavo Cobo Borda. Epílogo de José Prats Sariol, 88 pp., 1994. ISBN: 84-8017-032-8. PVP: 1.000 ptas. ($ 10.00). **(2.ª edición aumentada y revisada).**

- **COLECCION NARRATIVA:**
  - *Al otro lado de la zarza ardiendo,* de Graciela García Marruz, 232 pp., 1989. ISBN: 84-86662-31-1. PVP: 1.000 ptas. ($ 15.00).
  - *Hace tiempo... Mañana,* de Rodrigo Díaz-Pérez, 144 pp., 1989. ISBN: 84-86662-45-1. PVP: 1.000 ptas. ($ 10.00).

— *El arrabal de las delicias,* de Ramon Díaz Solís, 176 pp., 1989. ISBN: 84-86662-49-4. PVP: 1.000 ptas. ($ 12.00).
— *Ruyam,* de Pancho Vives, 112 pp., 1990. ISBN: 84-86662-00-0. PVP: 1.000 ptas. ($ 10.00).
— *Mancuello y la perdiz,* de Carlos Villagra Marsal. Prólogo de Rubén Bareiro Saguier y Epílogo de Juan Manuel Marcos, 168 pp., 1990. ISBN: 84-86662-64-8. PVP: 1.000 ptas. ($ 15.00).
— *Pequeñas Pasiones de Mujer,* de Guillermo Alonso del Real. Prólogo de Leopoldo Castilla, 64 pp., 1990. ISBN: 84-86662-65-6. PVP: 500 ptas. ($ 6.00).
— *Memoria de siglos,* de Jacobo Machover, 112 pp., 1991. ISBN: 84-86662-71-0. PVP: 1.000 ptas. ($ 10.00).
— *El Cecilio y La Petite Bouline,* de Emeterio Cerro. Prólogo de José Kozer, 136 pp., 1991. ISBN: 84-86662-95-8. PVP: 1.000 ptas. ($ 10.00).
— *Dicen que soy y aseguran que estoy,* de Raúl Thomas, 184 pp., 1993. ISBN: 84-8017-008-5. PVP: 1.500 ptas. ($15.00).
— *Cartas al Tiempo,* de Ana Rosa Núñez y Mario G. Beruvides, 64 pp., 1993. ISBN: 84-8017-011-5. PVP: 1.000 ptas. ($ 10.00).
— *Yo acuso y perdono (Confesiones de una mujer en los oscuros años del franquismo),* de Maite García Romero, 224 pp., 1993. ISBN: 84-8017-016-6. PVP: 1.500 ptas. ($ 15.00).
— *Las Orquídeas del Naranjo,* de Alberto Díaz Díaz, 88 pp., 1994. ISBN: 84-8017-031-X. PVP: 1.000 ptas. ($ 10.00).
— *Nuevos Encuentros,* de Martín-Armando Díez Ureña, 72 pp., 1994. ISBN: 84-8017-038-7. PVP: 800 ptas. ($ 8.00).
— *Móvil-8 (Testimonios del Delito Común en la Cuba Castrista),* de Severino Puente, 144 pp., 1994. ISBN: 84-8017-043-3. PVP: 1.500 ptas. ($ 15.00).

- **COLECCION TEATRO:**
— *La Puta del Millón,* de Renaldo Ferradas, 80 pp., 1989. ISBN: 84-86662-36-2. PVP: 1.000 ptas. ($ 12.50).
— *La Visionaria,* de Renaldo Ferradas, 96 pp., 1989. ISBN: 84-86662-48-6. PVP: 1.000 ptas. ($ 15.00).
— *El Ultimo Concierto,* de René Vázquez Díaz, 80 pp., 1992. ISBN: 84-8017-002-6. PVP: 1.000 ptas. ($ 10.00).

- **COLECCION DOCUMENTOS:**
— Un *Plebiscito a Fidel Castro,* de Reinaldo Arenas y Jorge Camacho, 152 pp., 1990. ISBN: 84-86662-68-0. PVP: 1.000 ptas. ($ 10.00).

- **COLECCION LITERATURA INFANTIL:**
— *Juego y Fantasía,* de Nereyda Abreu Olivera, 56 pp., 1993. ISBN: 84-8017-024-7. PVP: 800 ptas. ($ 8.00).
— *El Carrusel,* de Ernesto Díaz Rodríguez. Prólogo de Jorge Valls, 88 pp., 1994. ISBN: 84-8017-021-2. PVP: 1.000 ptas. ($ 10.00). Ilustraciones de portada e interiores: David Díaz.
— *Cuentos para niños traviesos,* de Emilio M. Mozo, 56 pp., 1994. ISBN: 84-8017-028-X. PVP: 1.000 ptas. ($ 10.00). Ilustraciones de portada e interiores: Pablo Mozo.

- **EN DISTRIBUCCION:**
— *Poesía Cubana Contemporánea* (Antología). Madrid, 1986, 288 pp. PVP: 1.000 ptas. ($ 10.00).

- **LIBROS FUERA DE COLECCION:**
— *Querrán ponerle nombre,* de Dulce Chacón. Prólogo de Leopoldo Castilla, 48 pp. 1992. ISBN: 84-8017-077-7.PVP: 800 ptas. ($ 8.00).